好·奇

提
供
一
种
眼
界

艺术漫画传记
Graphic Biography

KUSAMA
草间弥生

执念、爱情和艺术
ossessioni, amori e arte

（意）埃莉萨·马切拉里（Elisa Macellari）◎ 著绘
陈阳 ◎ 译

应急管理出版社
·北京·

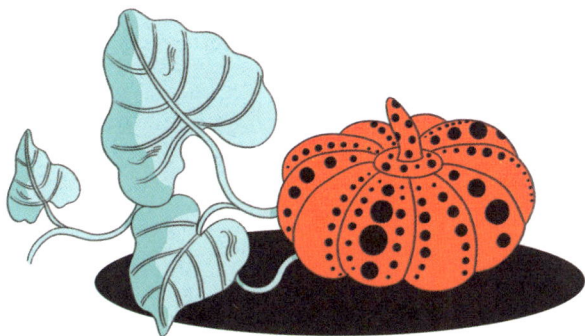

KUSAMA

引言

    草间弥生让我痴迷已久。2011年，我游览马德里时，在雷纳索菲亚博物馆第一次看到专门为她的作品设立的大型回顾展。那次经历就像一个人在走路时无意绊到路中央的一块鹅卵石——我并未寻找它，而它就在那里，就要闯进我的生活。那个时候，我虽然知道她最著名的作品，但是对其20世纪60年代和70年代的作品完全不了解。

    她的标志性形象是在纽约开始形成的。草间弥生在1958年搬到了那座城市，彼时的纽约充斥着嬉皮士，而和平主义为美国的政治选择和越南战争提供了答案。身为一名日本女人，草间弥生却成为了这些另类运动的"女王"，在艺术界占据了领头地位。她虽然从未达到美国白人男性艺术家同等的市场表现力，但

1

是通过某种方式，她摸索出了如何吸引别人关注她的作品，同时忠于自己的创作且不屈从于一时的流行风尚。

她对自己说："这好比沿着一条永无止境的公路开车，只要我活着，就会一直这样做。"没有岔路或者出口，只有一段由献身和决心构成的漫长旅程，虽时而痛苦，但艺术的成果会越来越多。

我对她的痛苦感到深深的同情，并且觉得，把精神疾病转变为通过艺术进行自我疗愈并达到巅峰之美的做法非同寻常。在创作这本漫画传记的几个月里，草间弥生已经成为了我某种意义上的母亲，同时也是一个不懈追求真理的榜样。

在当代艺术活动的编年史中，草间弥生是一位常客，有众多专门为她举办的大型展览、人们排起长队争相参观的艺术装置以及能够在社交媒体上传播和流行的各类作品。她是一种风格的象征，一个仿佛从迷幻的童话世界里走出来的角色。

然而，在她漫长的职业生涯中，也有过大约20年的黑暗时期，在那段时间里，没有人想起她——日渐衰老、神经系统崩溃、远离艺术圈子的核心。这是一种残酷的机制，一个巨大的黑洞，身处其中的你会消失不见，曾经的成就也如过眼云烟。而当你除了继续追寻，别无他求时，才是你证明真实的自己的时刻。

草间弥生的形象由东西方两种文化滋养而成。在美国生活了数十年的同时，她依旧保留着根植于日本传统文化的坚实内核。这种融合能够表达出新的语言，找到新的艺术表现形式，向我们展现一个没有壁垒的世界。

出于所有这些原因，我决定讲述她的故事。"没有任何痛苦能阻止我。我就是这样诞生和生活的，也将继续这样生活。"

松本市，1939年。

鸟儿在巢中
……

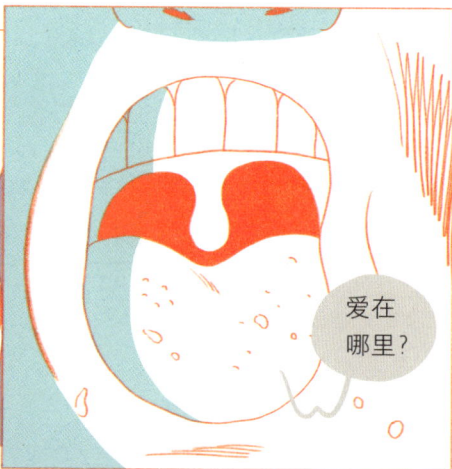

……才能清醒过来，才能感觉到
她的灵魂附着在身体上。

也是从那时起，她在自己强
迫心理的驱使下，开始设计
和绘画。

9

纽约，1958年。草间在她的工作室里。

把破窗户粘起来，防止冷空气蹿进来。

巨大的画布上，一张白色的网。

外面就要天黑了。

夕阳无情地在闹市区后落下。

从早晨起就空着肚子。

12

背着一个斜挎包出门。

翻遍鱼市和超市的剩菜。

把鱼头捡回来。

用卷心菜最外层的叶子做汤。

全都是她母亲不愿意让她经历的事。

13

草间来自松本市，那是长野县的一座小城，离日本阿尔卑斯山脉很近。

两个国家之间隔着辽阔的海洋，一场大战刚刚结束。

14

为了逃离守旧、父权的日本，她做了激烈的斗争。

她想尽一切办法实现自已的理想。

为了自由，为了继续画画。

在她童年时期，她的母亲，茂，常年与她的父亲争吵。

嘉门，听我说！

嗯啊……

我跟你说话呢！昨天晚上你去哪里了？

哪里也没去。

别对我说谎！

我在四点钟听到你回来了。

你那是做梦吧。

16

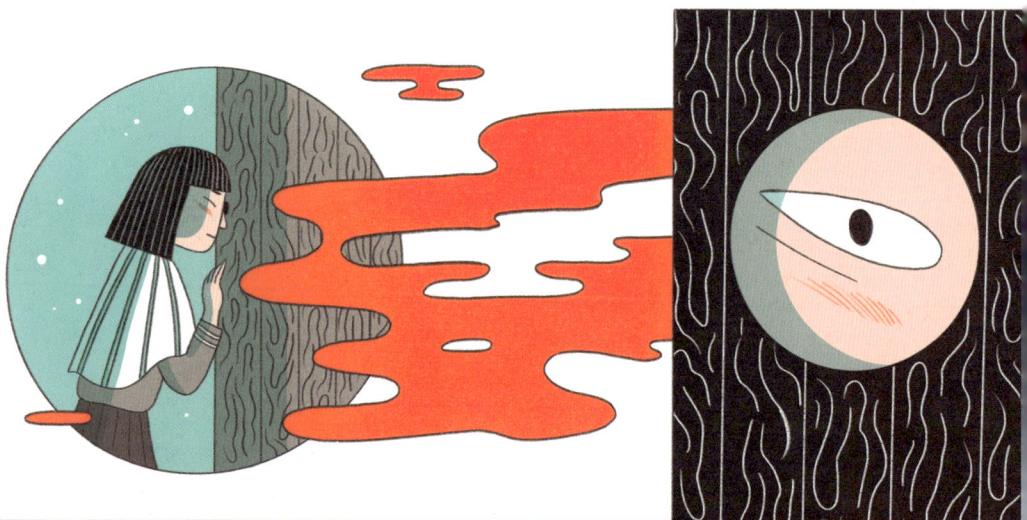

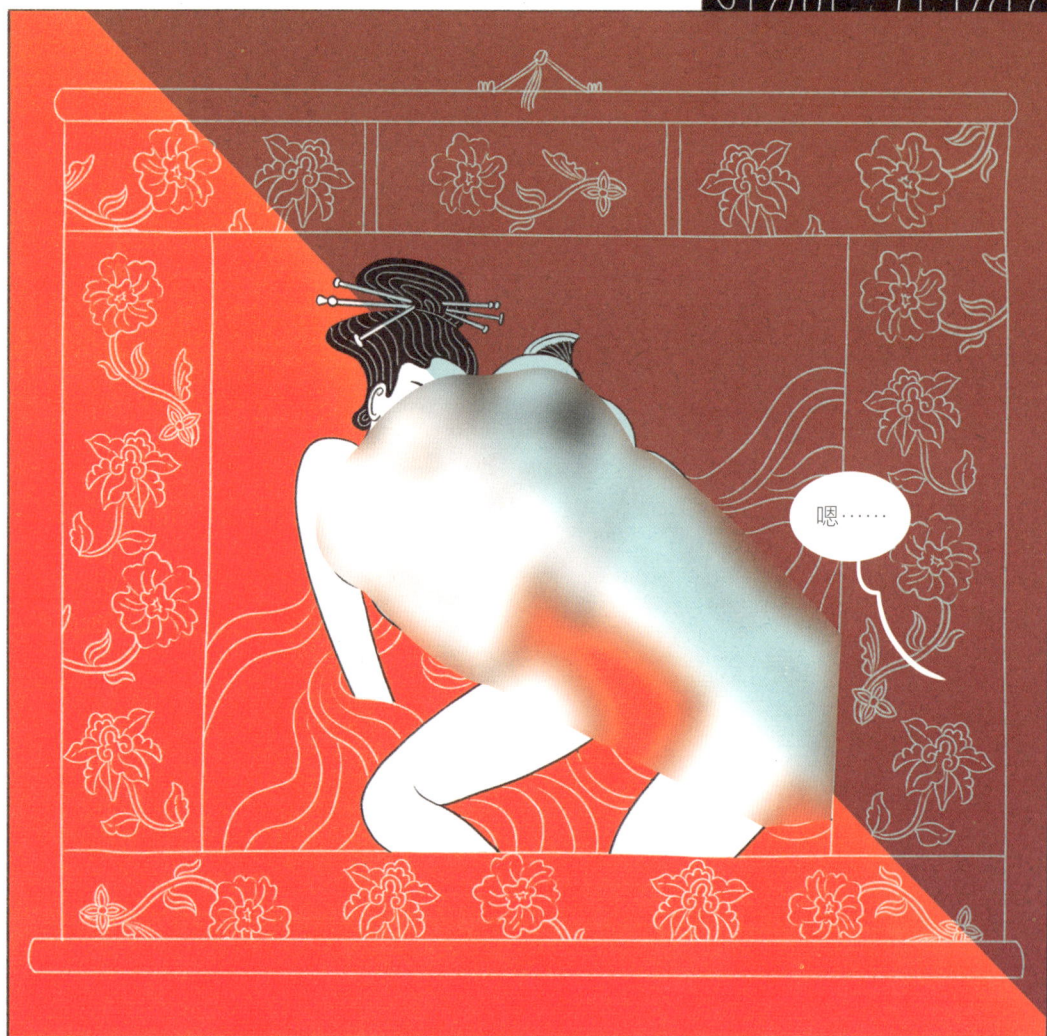

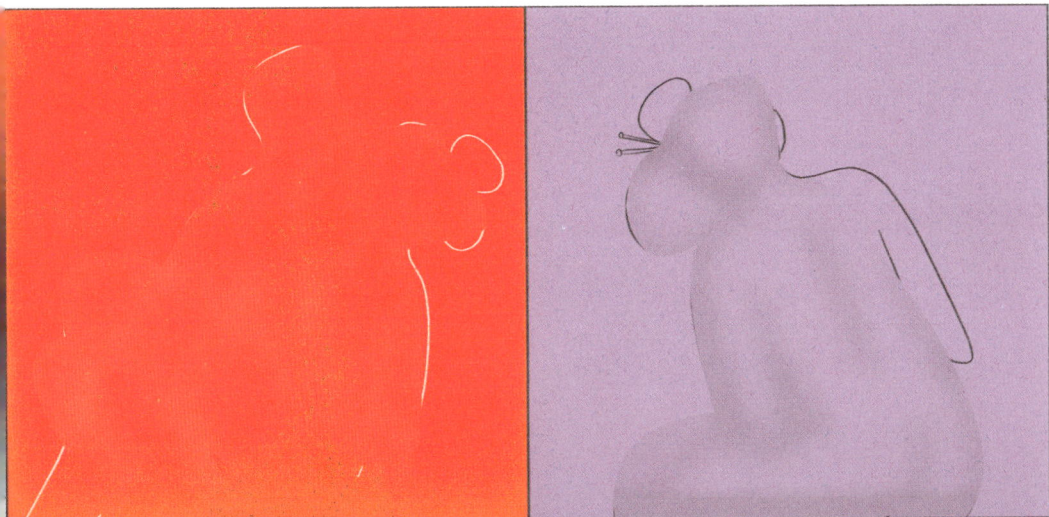

那些让人无法忍受的画面充斥了整个视野。

说话啊！

总是那副失魂落魄的样子！

母亲依旧折磨着她。她狂怒的时候，会抢走她的画，踢翻她的调色盘。

你就是个一无是处的小丫头！

与此同时，她一边寻找着自己在世间的位置，一边长大。

家庭内部有战争，外面也一样。但在某个时刻，战争结束了，至少墙外的那场战争结束了。

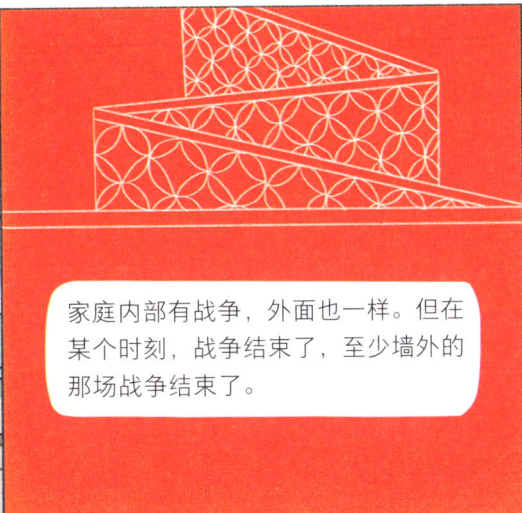

草间弥生后来去了东京市立艺术学院。

她无法忍受那些官方的课程，但仍然创作了大量绘画作品，也开始展出。

曾经给她治疗的精神科医生看到那些朝气蓬勃的作品，心想："她是个天才。"然后说……

草间小姐……

如果回到家里，您还将继续遭受神经衰弱。

21

我要这本，谢谢。

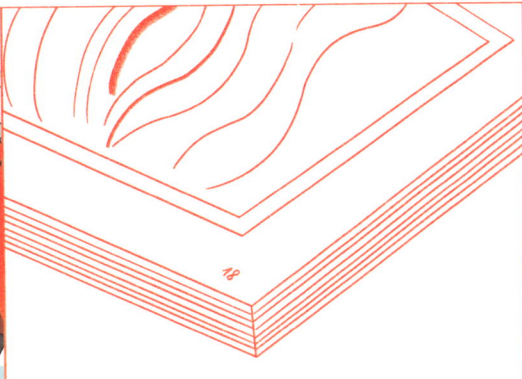

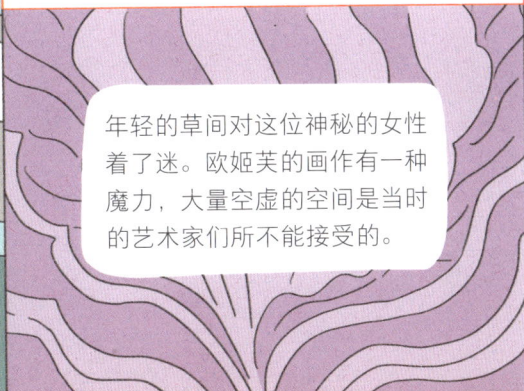

年轻的草间对这位神秘的女性着了迷。欧姬芙的画作有一种魔力，大量空虚的空间是当时的艺术家们所不能接受的。

被艺术激情点燃的她，决意给欧姬芙写信。她坐了六个小时的火车到了美国驻东京大使馆。

在那里，她翻阅名人录，找到了地址。

深吸一口气。

然后寄出了信。

草间称自己是一位从13岁开始作画的日本女艺术家，在那个时候，她就看到了自己面前漫长的绘画之路。

对我来说，您是一个非常遥远的存在。

如果您能给我指点前行的方向，我将感激不尽。

在当时战争的环境下，这封信被送到了新墨西哥州的阿比丘，送到了在那里独自生活的乔治亚·欧姬芙的手里。

自从她的丈夫——摄影师阿尔弗雷德·斯蒂格里茨——在1946年去世，她就过着修女一般的生活。

亲爱的草间弥生：
我收到了您的两封信……

……也收到了水彩画。它们很有意思……

……但它们飞到了乡村……

而艺术的世界在城市里。

我想把你的作品放到一个画廊展出，你觉得怎样？

我会时不时去纽约办事。

给我回信，弥生。

我很期待收到你的消息。

你要是去了，就别再踏进这个家门。

她又花了八年时间才说服家里人，尤其是她的母亲，才让他们放她走。还请了一位居住在西雅图的有钱寡妇发来一份用于申请签证的邀请函。

她联系了一位亲戚——前秘书长、内务大臣植原悦二郎，拿到了那封邀请函。

终于，在1957年，她准备就绪。

行李箱里装了60件和服。

大约2000幅用来售卖的设计稿和画作。

在衣服的内衬里缝了100万日元，以规避当地货币的出口限制。

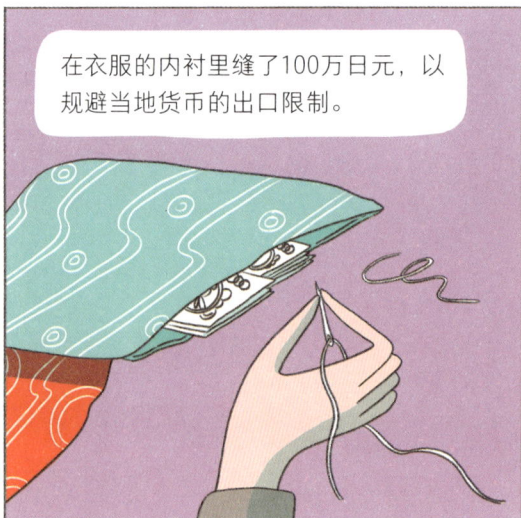

出发前做的最后一件事。

在河边烧了几百张画……

……免得它们落到母亲手里。

纽约，1959年。

不停地画画。忘记了时间。

重复同一个姿势。

连续几个小时。

34

超越。

追寻。

直到崩溃。

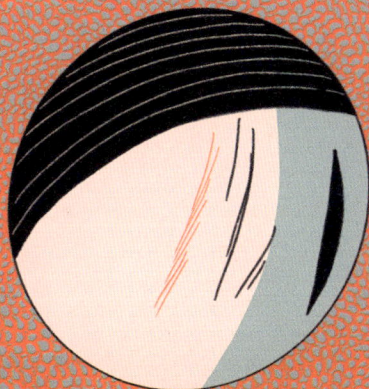

草间整整几个星期都是如此。

而那无尽的焦虑，那痛苦的感觉，并没有放过她。

心律不齐，心动过速，惊恐发作，幻觉……

……依旧是她精神疾病的核心。

好几次，她进了急诊室，尽管这对她的病情没有用处。

精神科医生告诉她，这是"人格解体神经症"。

一种让她感觉孤立的
症状。

从外部观察自己精神和肉体的进程。

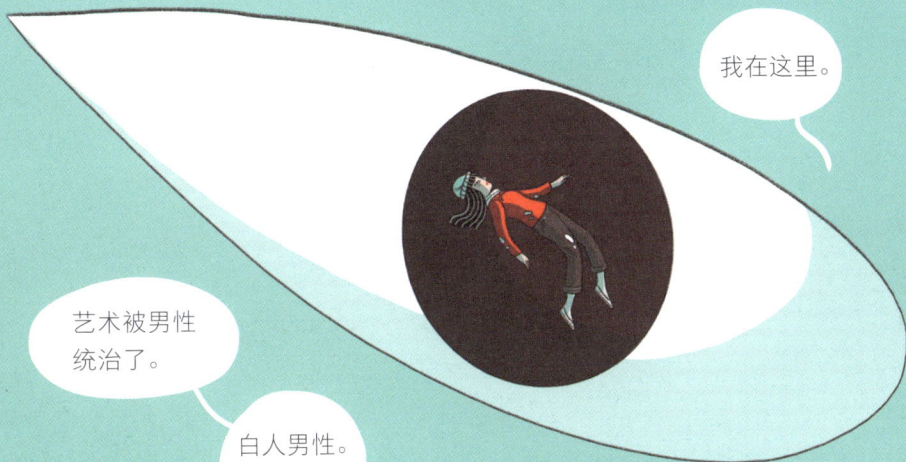

我在这里。

艺术被男性
统治了。

白人男性。
美国白人。

我是什么？

一秒钟变得像几十个小时。

我只能蜷缩在某个地方。

尽管因精神疾病备受折磨，草间依然领悟了自己艺术语言的核心。

在画布的静态二维空间中，她的创作会沉积为微观的色块。

仔细观察，便能感受到质量和体积。

但是，在试图感知整体形象时，我们会迷失在这些微小个体的无限重复之中。

没有焦点。没有中心。

就像松本的家后面的河床一样，夏日的阳光照耀着数以百计的白色鹅卵石。

与此同时，时间也一分一秒过去。

布拉塔画廊，纽约，1959年。

嗨，唐！

唐！

弥生！

大获成功！

终于办了你的第一场个人展。

那么，说真的，你觉得展览怎么样？

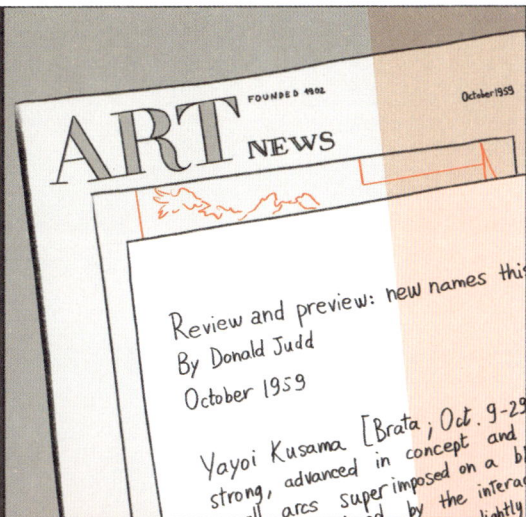

43

草间的欲望在燃烧。对她来说，纽约似乎让一切都变成了可能。

她的事业也开始起飞。

1960年5月，她和曼哈顿的斯蒂芬·拉迪奇画廊签了独家合同。

她被邀请参加美国和欧洲的集体展览。

monochrome malerei

不管怎样，巅峰似乎离她还很遥远。

艺术革命的想法让她热血沸腾，她已经按捺不住要跃跃欲试。

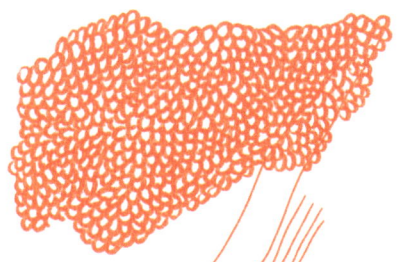
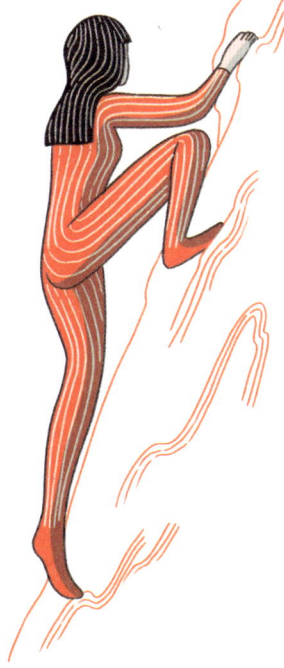

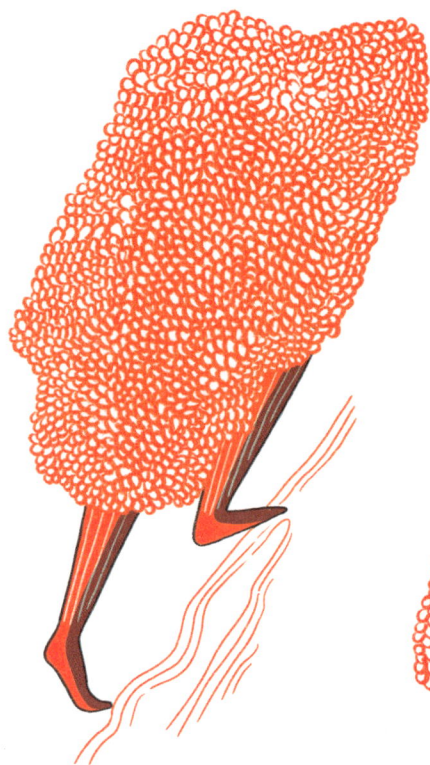

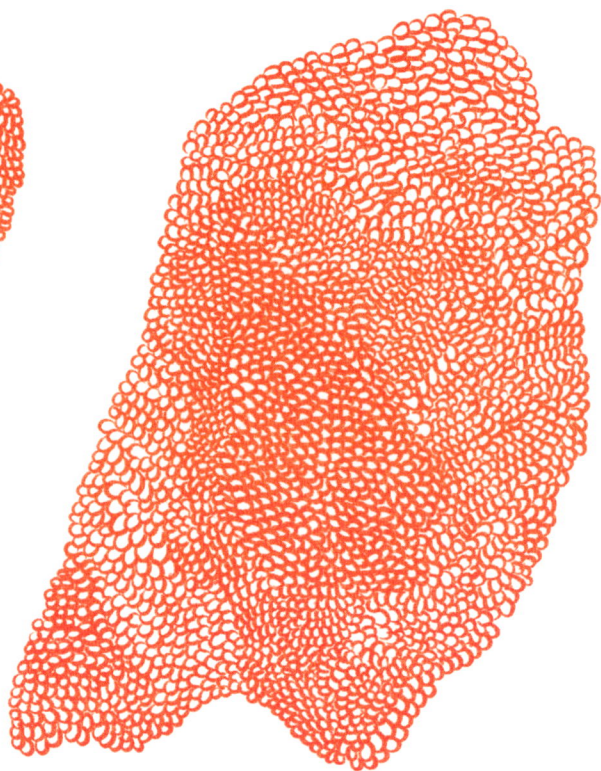

工作，工作，
还是工作。

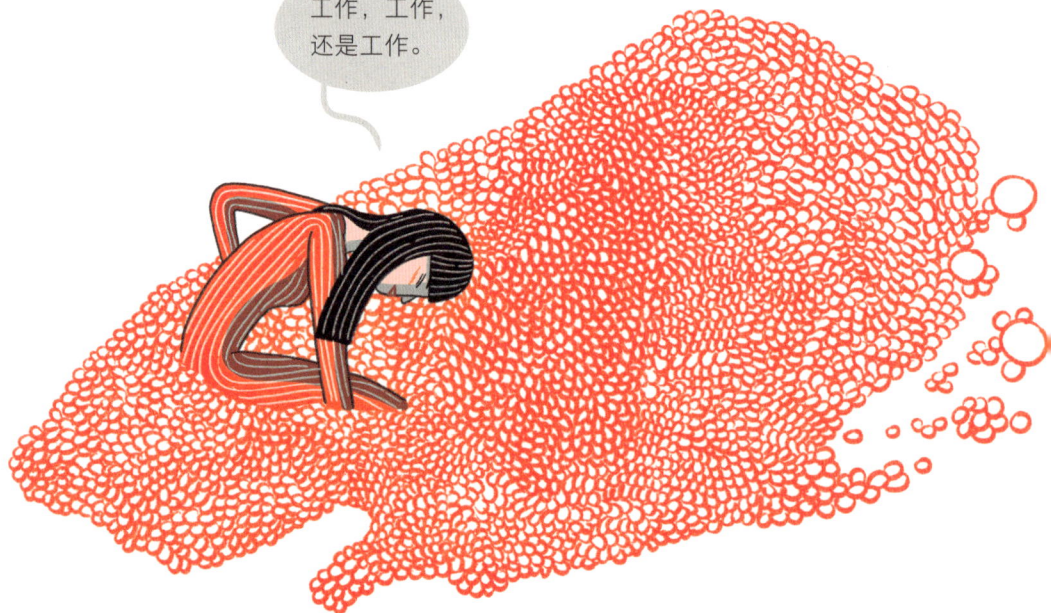

直到我葬身于这个过程。

这就是我所说的"消融"。

站在帝国大厦楼顶，她有着统治整个城市的感觉。无边无际的城市全景吸纳了宝石的光彩和人世的庄严。

那些年，展览一个接一个。

绿廊，1962年，《积聚 No.1》。

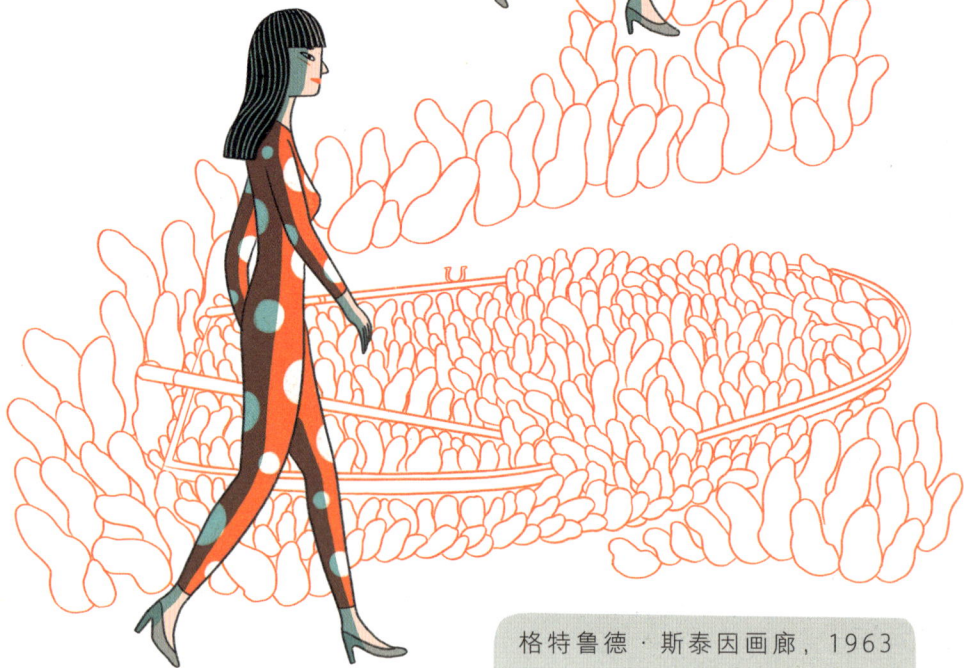

格特鲁德·斯泰因画廊，1963年，《聚集：千舟联翩》。

50

一艘十米长的船，装满了装置艺术品，墙壁上是同样形象的999张照片。

哇，弥生！这是什么？

太惊人了！

安迪，我知道你喜欢这种方式。

艺术品强行从画布上走了出来，变成了周围的环境。

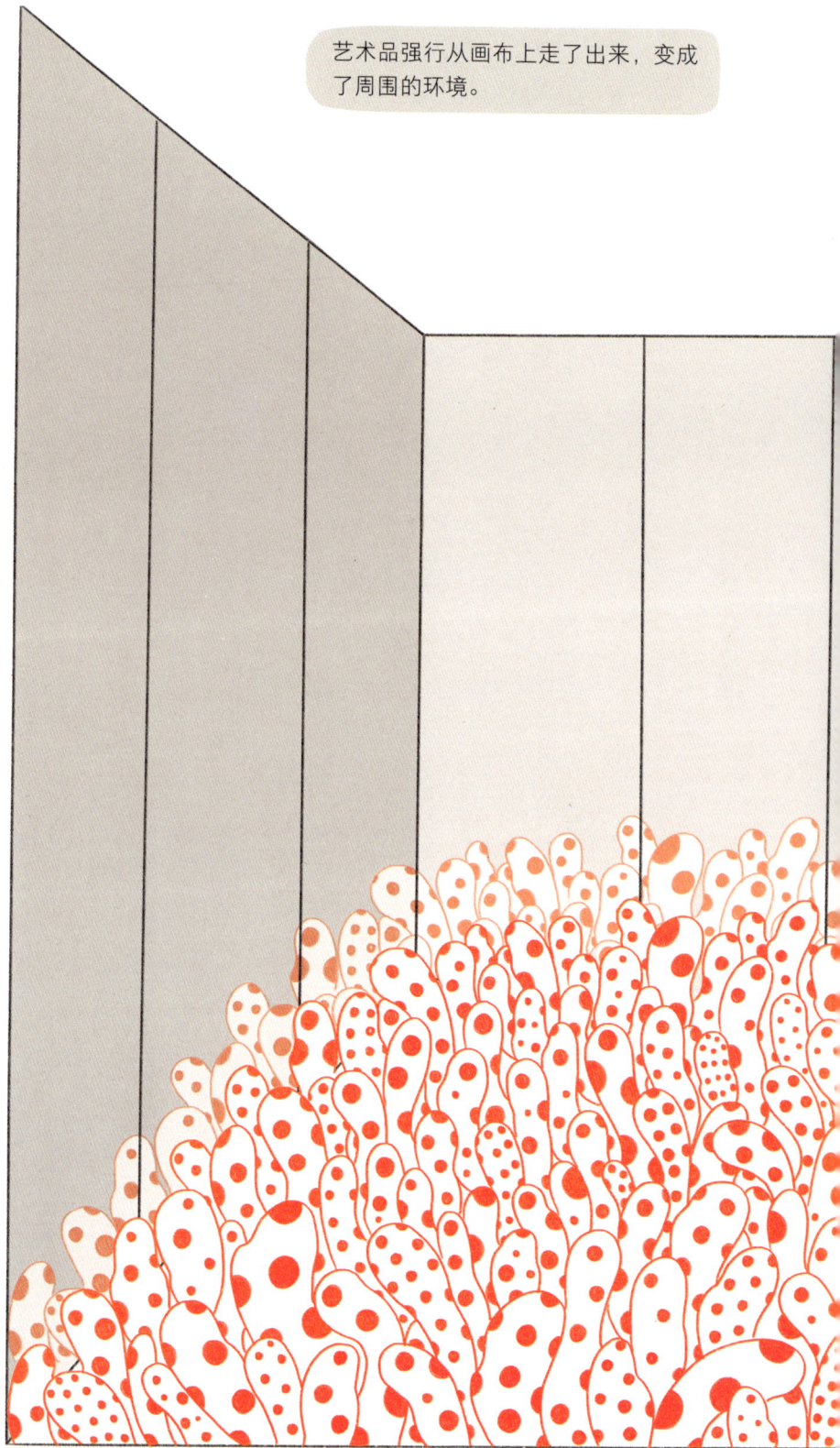

空间里充斥着柔软的雕塑。

性让我
恐惧。

而我试图克服自
己的恐惧。

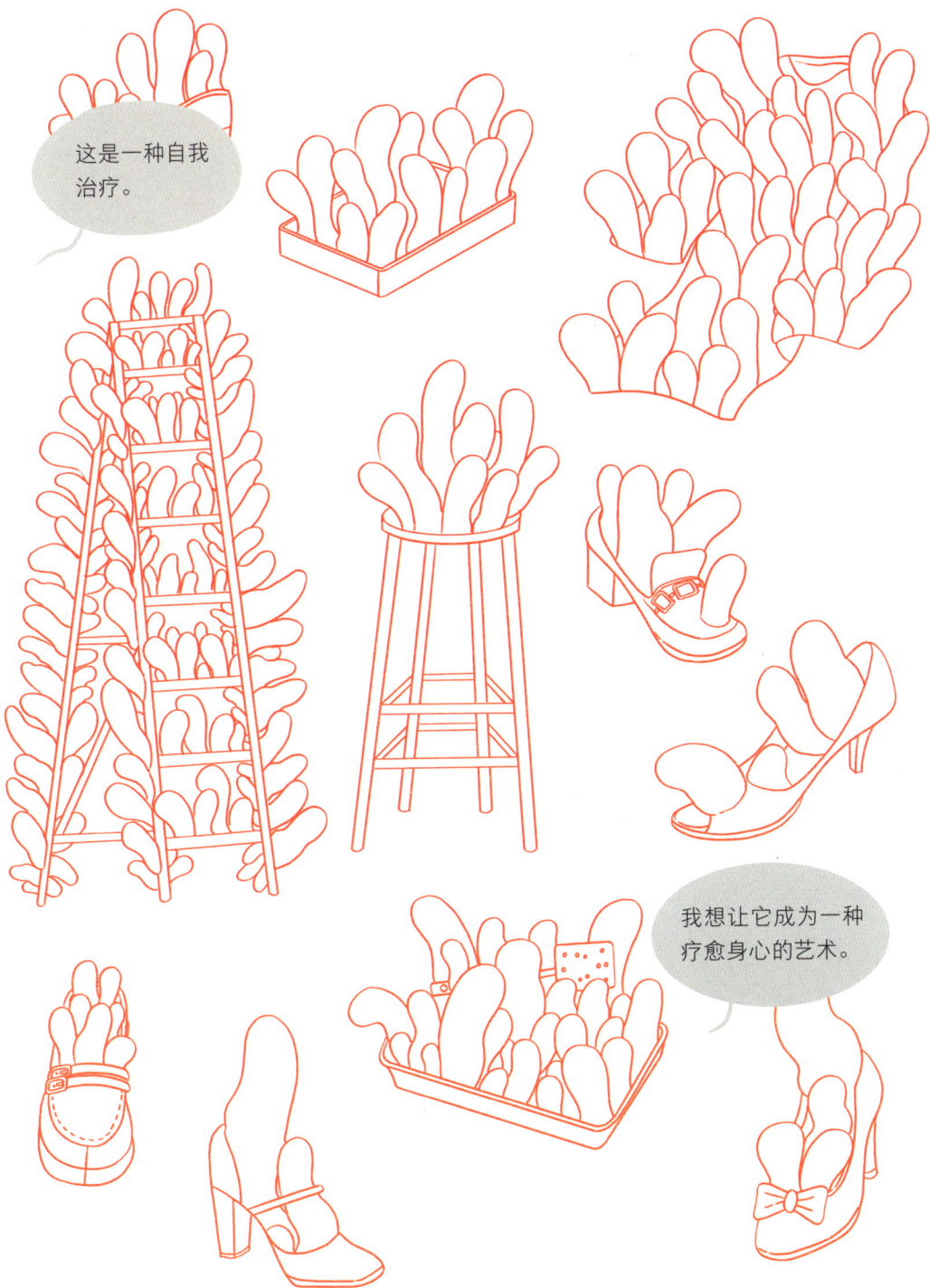

55

她内心的伤口一点一点地愈合。

尽管那些与她童年相关的情感已经深深地扎根。

这种恐惧扩散开来，变成了熟悉的东西。

变成了更容易接受的事物。

这是艺术。

我策划了这场"偶然发生的艺术"。

我引领它们。

我想要打破社会习俗。

表演给了我们这种自由。

草间，我们会追随你到天涯海角。

谢谢，伙伴们。你们表现得出色极了。

我们在工作室见。

很快，她的"偶发艺术"燃遍了纽约，在整个美国激起了回响。

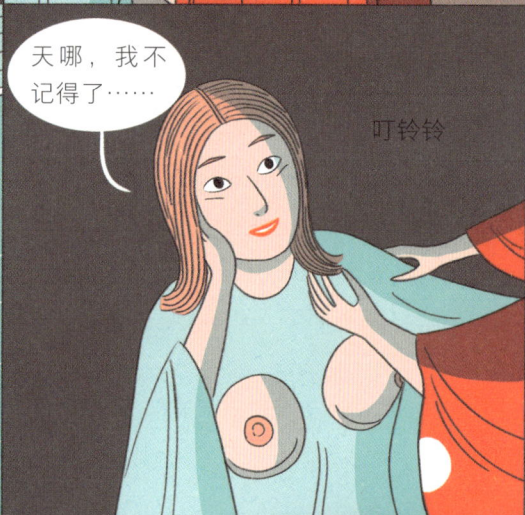

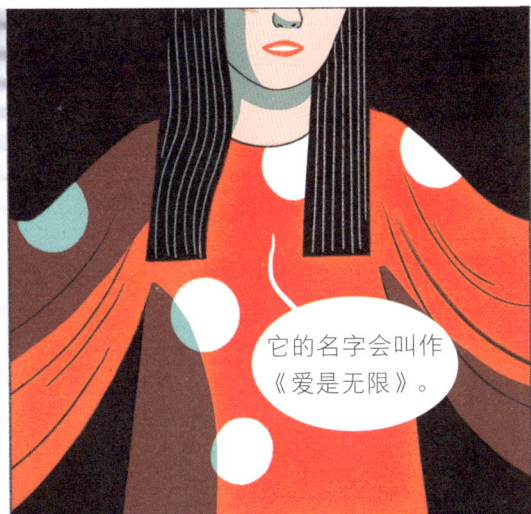

它的名字会叫作
《爱是无限》。

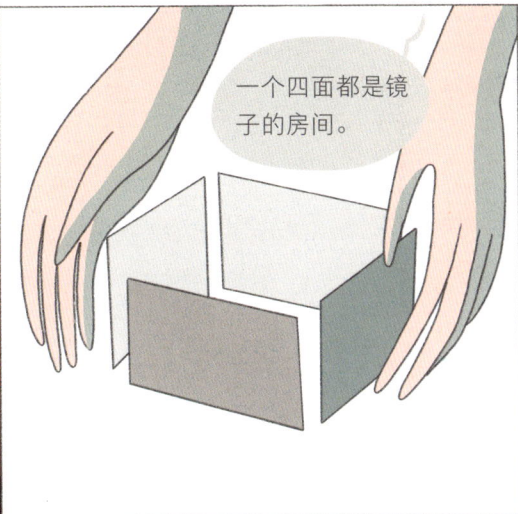

一个四面都是镜子的房间。

天花板上装有时亮时暗的灯。

中间是裸露的人。

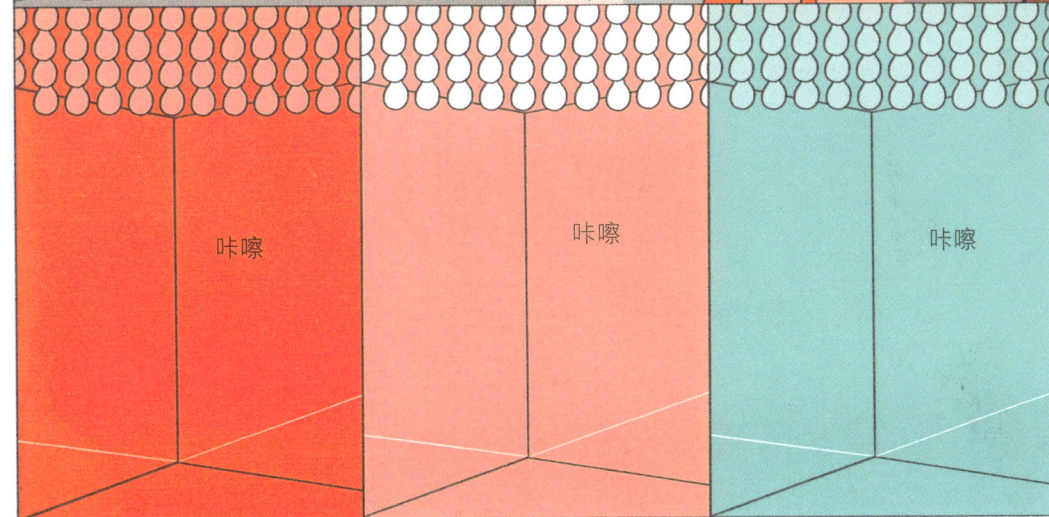

咔嚓

咔嚓

咔嚓

仿佛一尊运动的雕塑。

然后，他们会在身上画圆点。他们将相互抵消，并回归宇宙的本质。

记者们将心跳加速。

你不接电话吗？

它响了几个小时了。

叮铃铃

不接，我现在没空。

我该走了。

告诉汉娜，再检查一遍《草间的狂欢派对》①的第五页。

叮铃铃

① 草间弥生创办的成人报刊。——译者注

好啦，亲爱的弥生，别生气。
你总是这样。
晚点到我那儿去，我会补偿你的。
我给你拍一张全身都是你的圆点的照片。
你会喜欢的。
走着瞧，安迪……
我们走着瞧……
别再偷我的模特了，我再说一遍。
TAXI

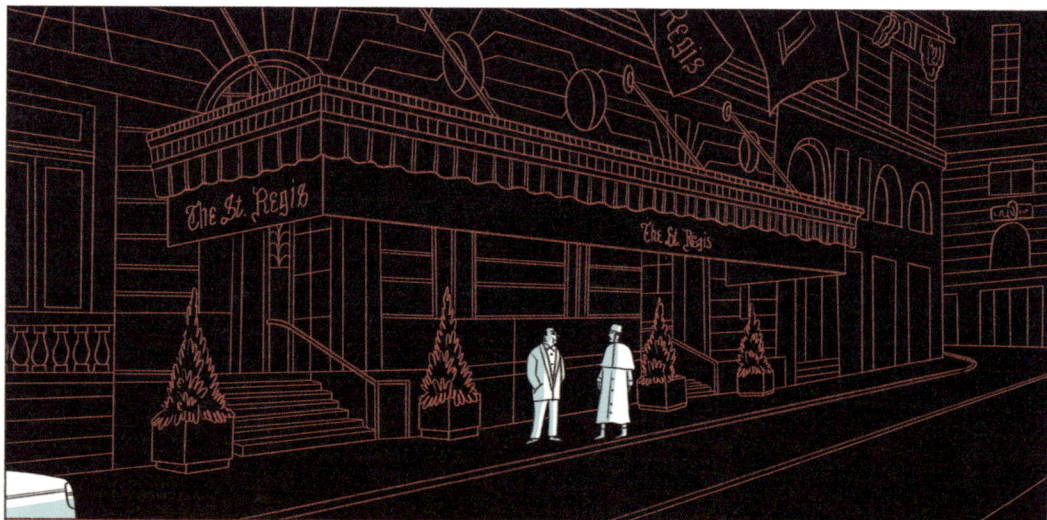

纽约的夜晚总在沙龙和对话中消磨。

草间！

我在等你。

下一次别坐出租车来了。

我安排我的劳斯莱斯去接你。

好了，跟我说说……在纽约怎么样？

我跟疯了一样工作，萨尔瓦多。

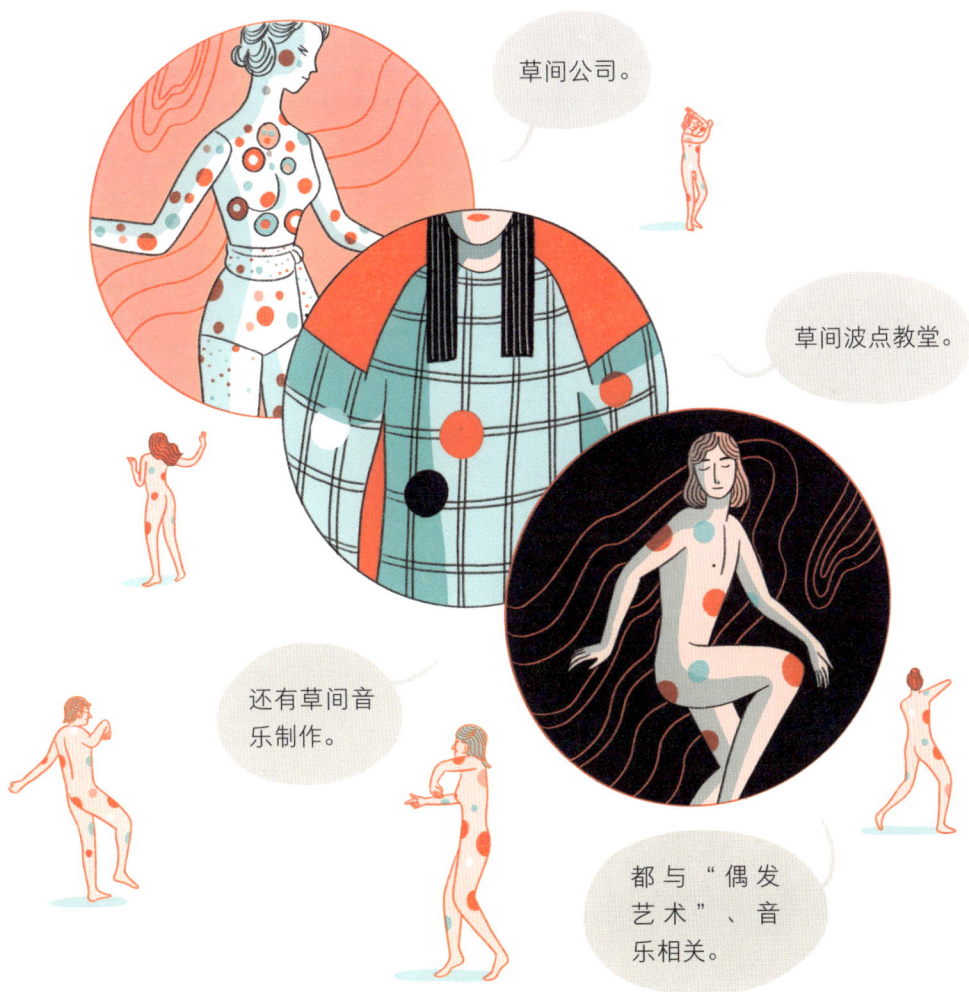

草间时尚有限公司。

我获得了一笔五万美元的贷款用于创作。

从下周开始，在布鲁明戴尔百货商店会有一个"草间角"，我的服装会摆在那里。

从宴会礼服到家居裙，甚至是透视风服装。

我已经收到了一些上流社会的女士的订单。

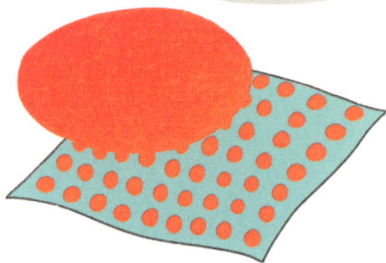

草间国际电影有限公司。

用来传播我策划的"偶发艺术"的纪录片。

人体彩绘工作室。

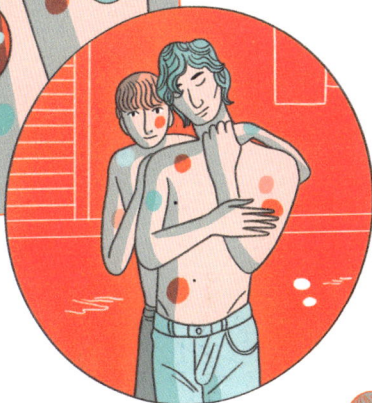

你知道，这些运营起来有点像模特经纪公司。

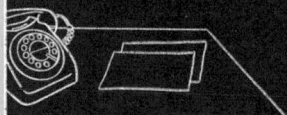

我想见你!

不要折磨我。

约瑟夫!约瑟夫!

怎么了,妈妈?

上床睡觉,已经很晚了!

不要搭理女人。她们都是肮脏的,身上带着淋病和梅毒。

你看,连你的胖母亲都抵制我们的交往。

一如既往。

我现在要走了。我保证尽快把我的照片带给你。

我最亲爱的朋友啊。

约瑟夫·康奈尔，1903年出生于纽约奈阿克的一个基督教家庭。

1931年，在看到马克斯·恩斯特的一件作品后，开始接触艺术。

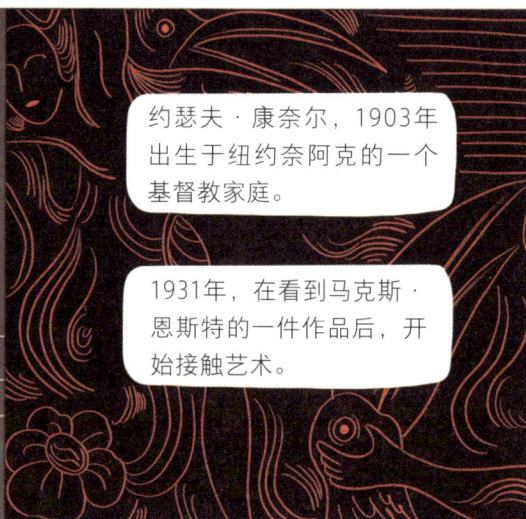

事实上，他的作品完全朝着超现实主义的方向发展。

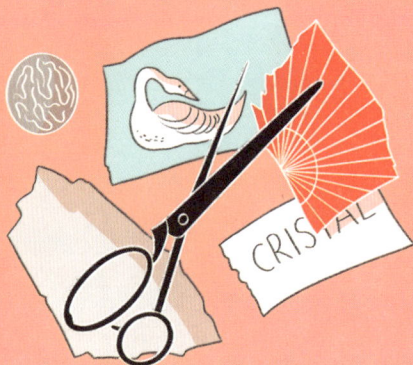

CRISTAL

他创作了带有拼贴元素的盒子，在艺术评论家眼中和市场上都很受欢迎。

他与草间的相识就是一段奇遇。

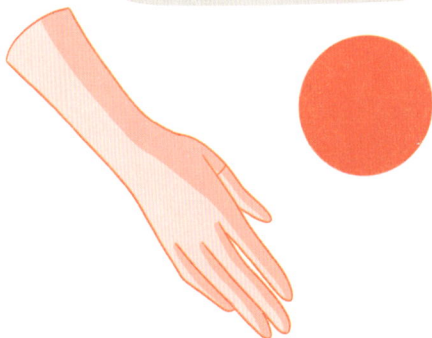

这两个灵魂的强迫性行为和怪癖影响着他们的生活和关系。

他同母亲和一个残疾的兄弟生活在一起，住在乌托邦大道一幢殖民地风格的房子里。

他们俩的年龄相差了26岁。

她年轻而精致。而他总是衣着邋遢，就像一个流浪汉。

他们相互陪伴度过午后时光，有时候赤裸着给彼此画画。

但由于各自的恐惧和心结，他们的关系从未发展到肉体层面。

在那些动荡和令人激动的岁月里，留下的只是柏拉图式的、神圣的爱情。

悬浮在他们不安的时光中的一个气泡。

1972年，当草间在东京旅行的时候，康奈尔去世了。

她收到了很多纽约画商的慰问电报，大都会艺术博物馆邀请她参加为他组织的悼念会。

约瑟夫
……

他是她所有朋友中最出色的。

……你如何看待死亡？

我一点也不害怕……

那就像是走进了另一个房间。

草间的创造力从不停歇。

身体彩绘变得越来越具有政治色彩。

1968年，她在联合国大厦前点燃了50面美国国旗。

她让全裸的芭蕾舞者在华尔街围绕乔治·华盛顿的雕塑跳舞。

你完全可以赤身裸体。

摈弃你的自我……

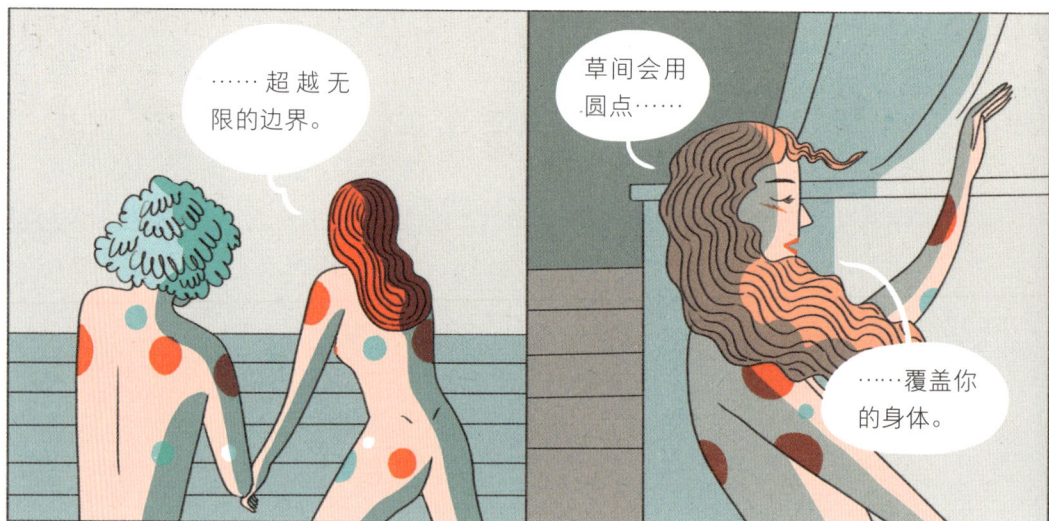

1969年，复活节的周日，在中央公园的草坪广场。

公园里挤满了过节的人。草间站在石头上，只戴了头纱和胸罩，摆出自由女神的姿势。

在她的示意下，几百名嬉皮士开始脱衣服。

逮捕那个女人！

那段时间，草间雇用了五六个律师，试图在法律和艺术之间找寻一个折中的办法。

但是"偶发艺术"太频繁了，她还是被捕了。

草间，起来！

我的一个朋友想和你握手。

你从我们面前逃了好多次！

已经凌晨两点了。我有点饿。

…

我能喝杯咖啡，吃个甜甜圈吗？如果可以，要巧克力味的。

当然可以。

对我们来说，你是一位裸体女画家。你是明星！

每家媒体都在报道关于那个瘦小的东方艺术家的文章，从《纽约每日新闻报》到《纽约时报》。

DAILY NEWS
NEW YORK'S PICTURE NEWSPAPER ©
NIGHT OWL
8¢

FEARFUL BERET BLEW LID OFF
His Role in Viet Slaying Bared

But Is It Art?

Our Noisy, Dirty, Crowded Subways — See Page 3

这些新闻也在全世界传开了……

……也传到了遥远的松本。

90

嘉门！

你的女儿是民族耻辱！

我知道你还在时不时给她打钱！

看看她在干什么！

太丢脸了。我要怎么面对邻居？

把你在附近看到的所有报纸都买下来！

不能有人看到这篇文章。

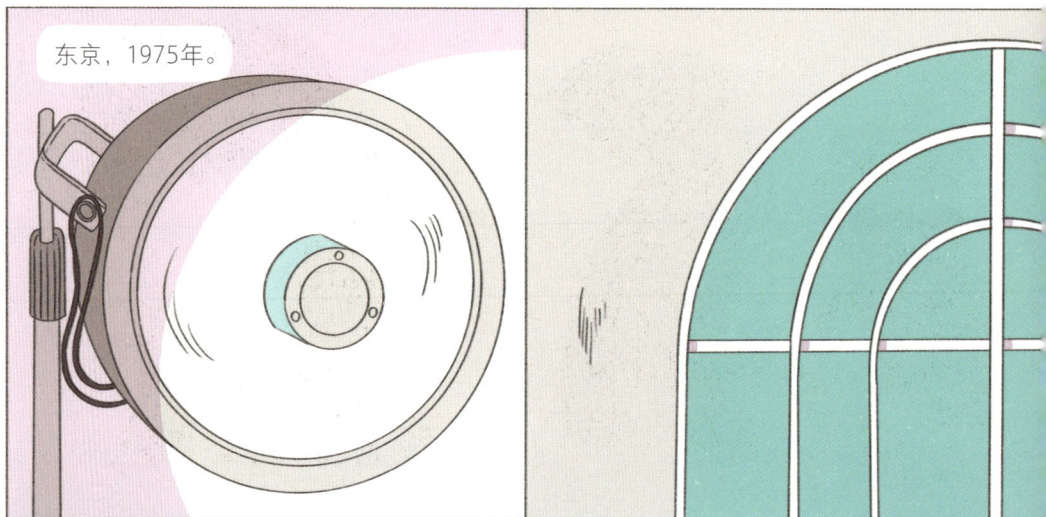

东京，1975年。

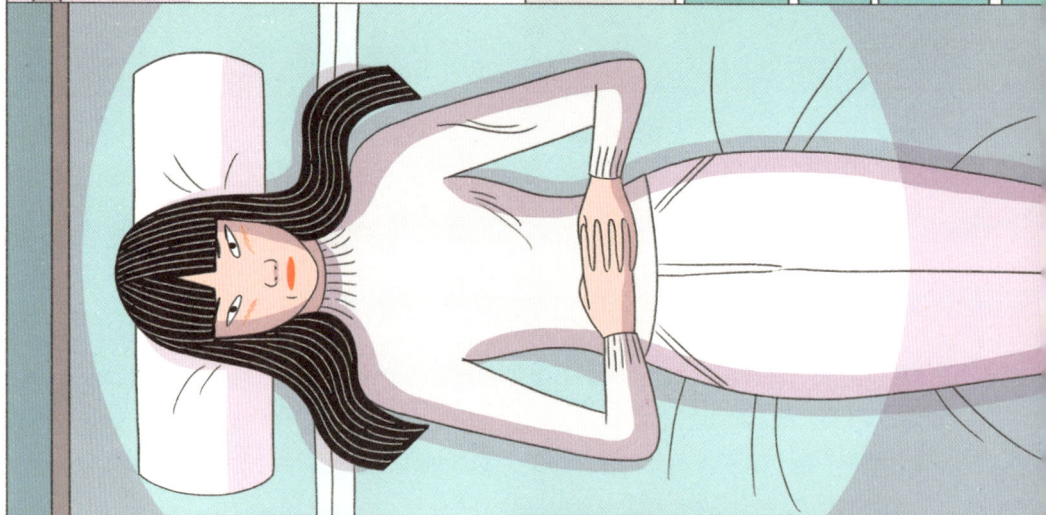

告诉我，
什么感觉？

我······

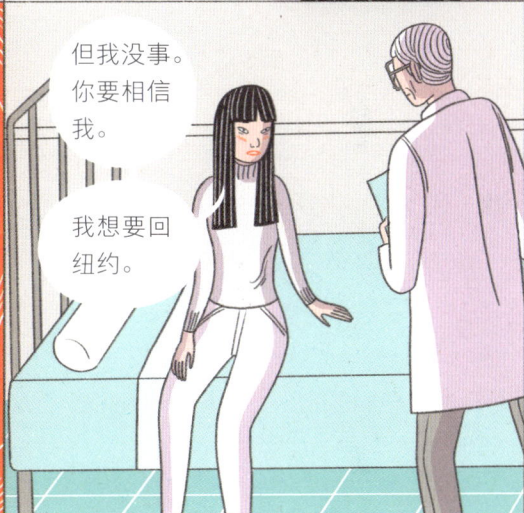

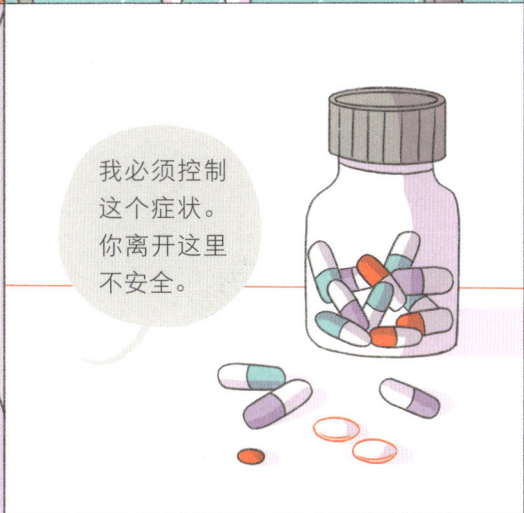

由于精神问题，在美国生活了将近20年后，草间回到了日本居住。

这是一个陌生的国家，同她的"赤裸之城"纽约大相径庭。在纽约，她玩耍、斗争，总是悬浮在极端之间。

沉浸在社会潮流中，沉迷于当下，而不趋附主流时尚。

然而，在经济、技术和社会等方面快速发展的日本仍然觉得她惊世骇俗。

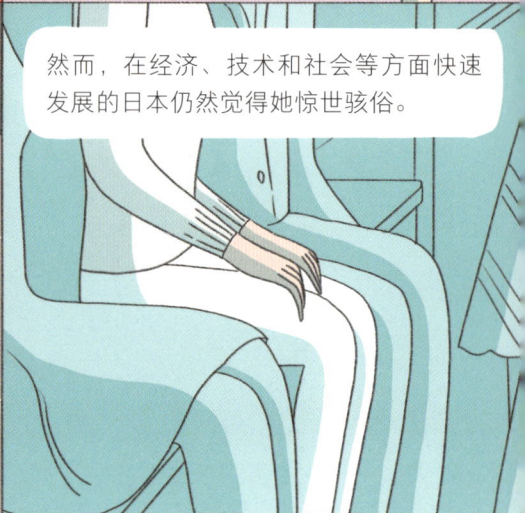

疏离感开始滋生。

东京的居民就像数百只老鼠一样，共同奔走在城市的街道上……

……到了晚上，他们就钻进狭小的空间里躲藏。

美到哪里去了？

如此逼仄，如此孤立。

就连草间的出生地也发生了深刻的变化。

亲戚和熟人都不在了。她的父亲嘉门，去世了。1983年，她的母亲也随之而去。

就像浦岛太郎①一样，她在自以为过了很短的时间之后回来了。

①日本古代传说中的人物，是一位渔夫，因救了龙宫中的神龟被带到龙宫受到款待，回家之后发现曾经认识的人都已不在。——译者注

然而一切都已物是人非，她也在衰老。

而美国，美国……似乎已经忘记了她。

她陷入了被遗忘的境地。

只有艺术从未抛弃她。

1977年，她按照自己的意愿，决定住进晴和精神病医院。

在孤独中，在精神困扰的折磨下，她坚持画画。

太过消沉……

……甚至尝试自杀。

那是无比黑暗的试验年代。

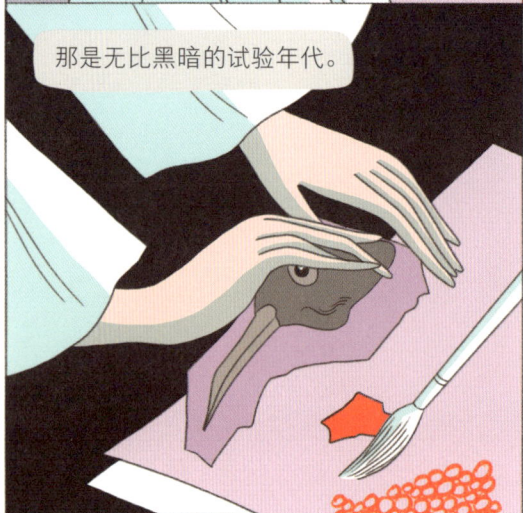

是唯一的疗法。

拼贴画和晦暗的形象
充斥着她的世界。

充满冲突和痛
苦的画面。

在草间回国12年后，日本似乎终于能接受她的艺术了。

1987年，福冈县的北九州美术馆为她的首个回顾展举行了开幕式。

但是，很多人还是接受不了她的造型，以至于无法正视她。

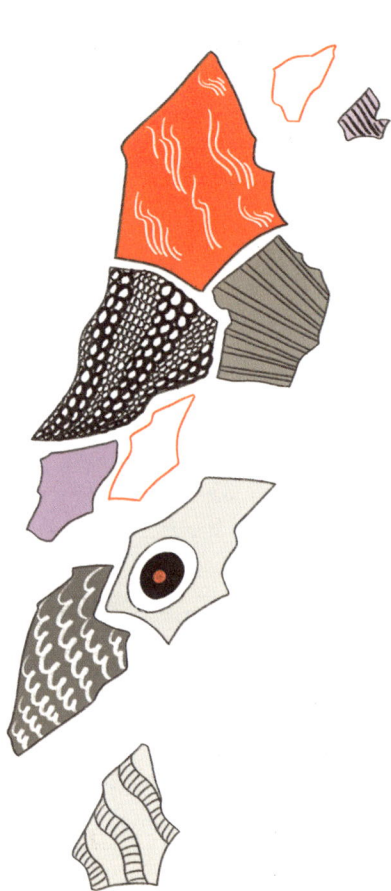

两年后，1989年，美国也重新发掘出曾迅速忘却的东西。

YAYOI KUSAMA: A Retrospective

CICA
Center for International Contemporary Arts

在纽约当代艺术中心举办了《草间弥生：回顾展》，由亚历山德拉·门罗和布彭德拉·卡里亚策展。

1967
BODY·FESTIVAL
WASHINGTON·SQUARE·SUNDAY·2PM·JUL
KUSAMA

威尼斯，1966年。那一次，尽管没有收到正式邀请，她还是在双年展上获得了一个名额。

la Biennale

那个时候，卢西奥·丰塔纳帮助她完成了作品。

水仙花园，由1500个镜面球体组成……

……全都一样，摆在一块草皮上。

丰塔纳还帮她付了钱，而身无分文的草间，为了偿还他……

……送了他一件自己的作品。

送给你，卢西奥先生。

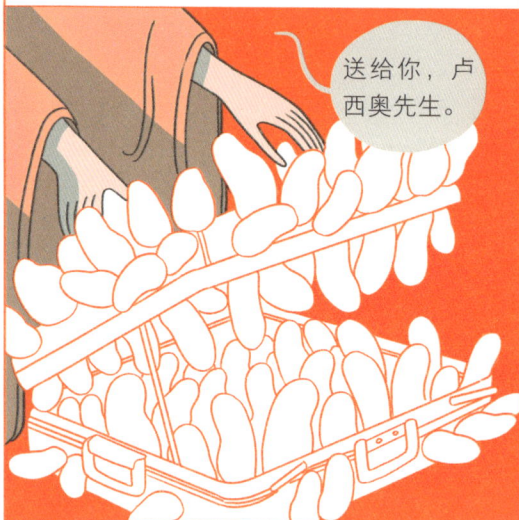

在那次双年展期间，草间穿的是一件金色的和服……

NARGISUSS GARDEN
KUSAMA
水仙花园
草间弥生

……她还以每只1200里拉的价格出售那些球。

就是这样。1993年，在威尼斯，她同建畠晢教授一起完成了日本馆的装置。

医生始终伴其左右，以防她已经脆弱至极的神经系统旧疾复发。

全世界都为她贺彩。

我这一生都在对父母的爱与恨之间摇摆不定。

我能活到这个年纪，都得归功于他们。

他们给了我生与死的光影。

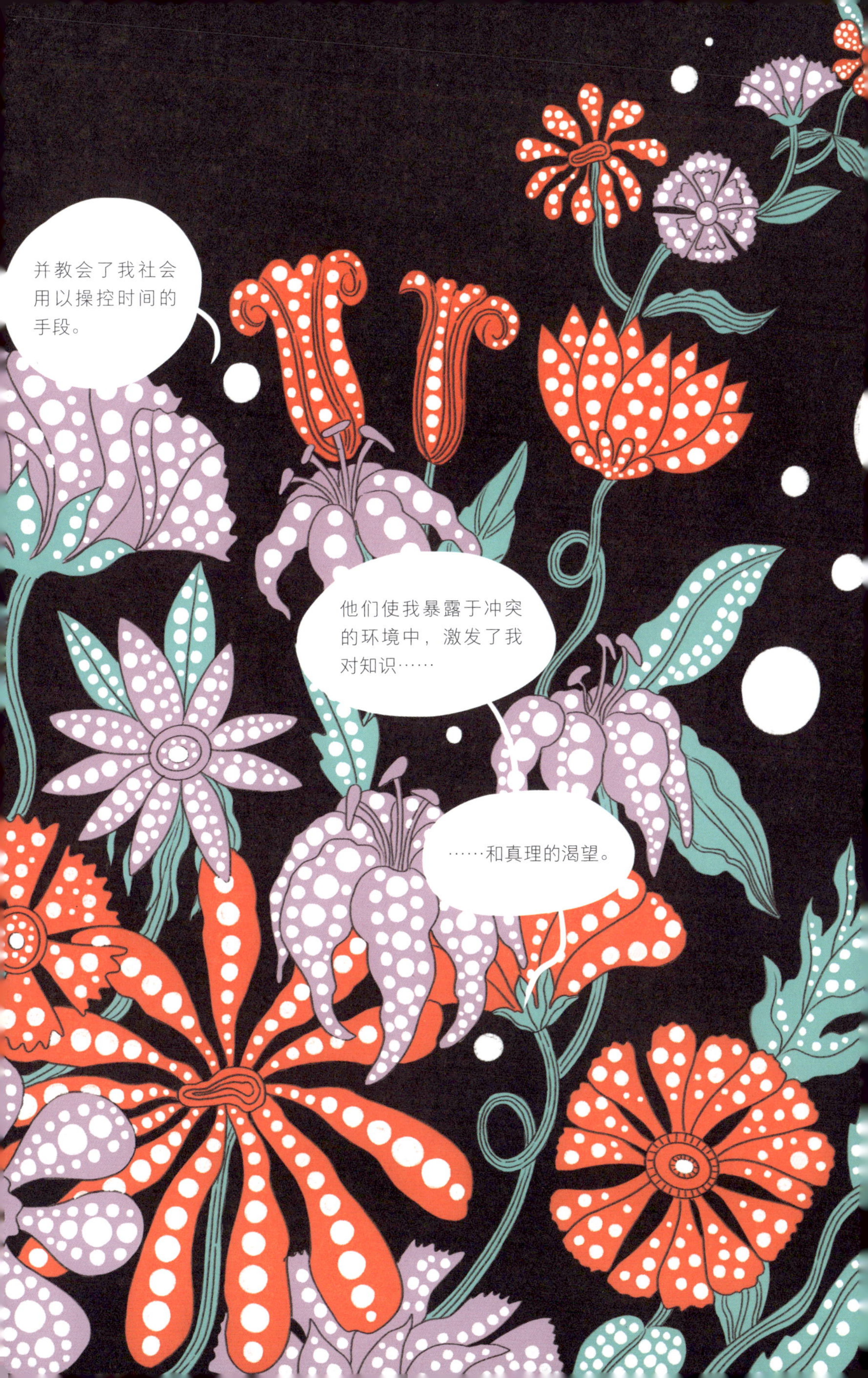

并教会了我社会用以操控时间的手段。
他们使我暴露于冲突的环境中，激发了我对知识……
……和真理的渴望。

这就是草间弥生。在艺术中度过的一生。

她远离家乡，按照自己想要的样子生活。

她认识了新的世界，在流浪的终点，在逝去的时光中感到了空虚。

而她仍然在这里。
创作着。

孜孜不倦，始终致力
于她的使命。

反思着死亡和
生命。

反思着我们每个人都身
处其中的无限循环。

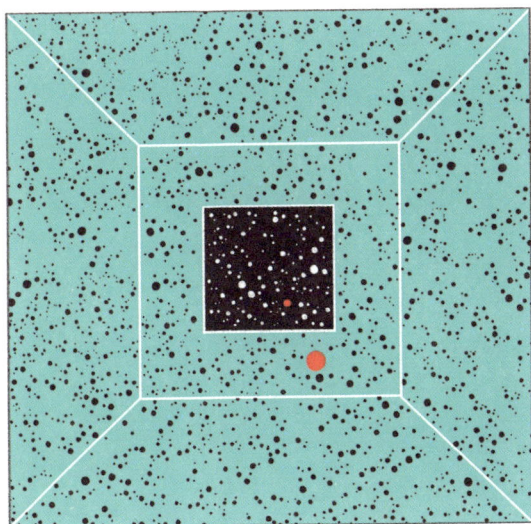

像一颗永恒的星一般闪耀……

……经常梦到死亡的她，也害怕着这种消失。

致谢

感谢巴尔萨扎·帕加尼给了我这个机会。他预感到了我对草间弥生的热爱,促成了这次幸运的合作。

感谢卢卡·波兹,他一直陪在我身边并支持我。2020年将是美妙的一年。

感谢Ram工作室和桑德拉·西索佛对本书的关照和耐心。

感谢草间弥生以及她作为女人和艺术家的正直。

参考资料

《无限的网,我的自传》,草间弥生著,Johan&Levi出版社,2013

纪录片《草间弥生:无限》,希瑟·伦茨导演,2018

草间弥生工作室的网站:http://yayoi-kusama.jp/

写给乔治亚·欧姬芙的信,出自泰特美术馆的文章:https://www.tate.org.uk/tate-etc/issue-37-summer-2016/georgia-okeeffe-artists-views

唐纳德·贾德的文章:https://www.artnews.com/art-news/retrospective/from-the-archives-donald-judd-on-yayoi-kusamas-first-new-york-solo-show-in-1959-7823/

译者后记

一提到草间弥生，我的脑海中就会浮现出色彩鲜艳的波点图案和一个离经叛道的日本女人形象。而在翻译这本艺术漫画传记之前，我从未主动去了解过她的生平。似乎很多艺术家都受到精神疾病的困扰，而这些困扰反过来也为他们提供了灵感或动力。因此，我有时会觉得，这样的艺术作品是带着疼痛的。

草间弥生从十岁开始就遭受着精神疾病的折磨，而不和谐的家庭环境更进一步加剧了她的痛苦。但是她异常勇敢，长大后离开了家，离开了日本，独自去美国发展。而在草间出发之前，有一位重要人物影响了她的决定——美国女画家乔治亚·欧姬芙。草间在看过她的画作后，大胆地给她写了信，欧姬芙也友善地回了信，鼓励草间前往美国。就是这次简单、遥远而温暖的通信，改变了草间的人生。

在翻译本书的过程中，我也给作者写了"信"——只不过是现代的电子邮件。因为书中有几个词实在让我难以理解，便在网上搜索到作者的网站并在上面找到了她的邮箱，抱着姑且一试的心态发了封邮件。我告诉她，她的绘本《草间弥生》即将翻译成中文出版，并提出了我在翻译过程中的困惑。让我惊喜的是，当天晚上她就回复了我，并非常细致地给出了解释。

只是译一本小书，个中困苦和喜悦都不是三言两语能够说尽的，而草间弥生创作了不计其数的作品，必然承受了更多的苦乐。在了解了她的人生故事后，我已经无法用纯粹欣赏的眼光去看待她的作品了。艺术是草间弥生的全部，如果没有艺术，她或许早就终结了自己的生命。如今高龄的她仍然一边接受治疗，一边从事前卫的创作。这一点于我而言并非新鲜的启示，却更加坚定了我的想法：在漫长的人生中，一定要找到一件甚至很多件能坚持做下去的事情，让它们化解自己的痛苦，把空虚化为充实。所以我译书、作词，不断尝试更多感兴趣的事物，这些事未必会带来多大的成就，但至少不会令一生荒度。

陈阳

2020年8月

图书在版编目（CIP）数据

草间弥生：执念、爱情和艺术/（意）埃莉萨·马
切拉里著、绘；陈阳译. －－北京：应急管理出版社，
2020

ISBN 978 - 7 - 5020 - 8424 - 0

Ⅰ.①草… Ⅱ.①埃… ②陈… Ⅲ.①草间弥生—
生平事迹—画册 Ⅳ.①K833.135.72 - 64

中国版本图书馆 CIP 数据核字（2020）第 213891 号

著作权合同登记号 01 - 2020 - 1768

Kusama：ossessioni, amori e arte, Graphic Biography by Elisa Macellari

Copyright © Centauria srl 2020

© Elisa Macellari

First published in 2020 by Centauria srl

Simplified Chinese edition © 2020 Beijing Curiosity Culture & Technology

Co., Ltd. arranged through CA - LINK International LLC（www. ca - link. cn）

All Rights Reserved.

草间弥生 执念、爱情和艺术

著　绘	（意）埃莉萨·马切拉里
译　者	陈　阳
责任编辑	郭浩亮
封面设计	瓜田李下

出版发行　应急管理出版社（北京市朝阳区芍药居 35 号　100029）
电　话　010 - 84657898（总编室）　010 - 84657880（读者服务部）
网　址　www. cciph. com. cn
印　刷　天津丰富彩艺印刷有限公司
经　销　全国新华书店

开　本　710mm × 1000mm^1/$_{16}$　印张　7^3/$_4$　字数　100 千字
版　次　2020 年 12 月第 1 版　2020 年 12 月第 1 次印刷
社内编号　20193275　　　　　定价　68.00 元